卞尺丹几乙し丹卞と

Translated Language Learning

Y Fordaith i Lilliput

The Voyage to Lilliput

Jonathan Swift

Cymraeg / English

Copyright © 2024 Tranzlaty
All rights reserved.
Published by Tranzlaty
ISBN: 978-1-83566-087-4
Original text by Jonathan Swift
Gulliver's Travels: The Voyage to Lilliput (1726)
Abridged by Andrew Lang: The Blue Fairy Book (1889)
www.tranzlaty.com

Pennod Un
Chapter One

Roedd gan fy nhad ystâd fach yn Nottingham
My father had a small estate in Nottingham
Fi oedd y trydydd o bedwar mab
I was the third of four sons
Anfonodd fi i Gaergrawnt yn bedair ar ddeg oed
He sent me to Cambridge at fourteen years old
Rydw i wedi bod yn astudio yno am dair blynedd
I studied there for three years
ar ôl hynny cefais brentisiaeth gyda Mr. Bates
after that I found an apprenticeship with Mr. Bates
Roedd yn llawfeddyg enwog yn Llundain
he was a famous surgeon in London
Yn awr ac yna anfonodd fy nhad symiau bach o arian ataf
now and then my father sent me small sums of money
Gwariais yr arian wrth ddysgu llywio
I spent the money in learning navigation
ac astudiais gelfyddydau eraill yn ddefnyddiol i'r rhai sy'n teithio
and I studied other arts useful to those who travel
Roeddwn bob amser yn credu y byddai'n sgil ddefnyddiol
I always believed it would be a useful skill

Parhaodd fy mhrentisiaeth am dair blynedd
my apprenticeship lasted for three years
fy meistr da, Mr. Bates, argymhellodd fi fel llawfeddyg llong
my good master, Mr. Bates, recommended me as ship's surgeon

cafodd swydd i mi ar long o'r enw The Swallow
he got me a job on a ship called The Swallow
Ar y llong hon, fe wnes i deithio am dair blynedd
on this ship I voyaged three years
Pan ddes i yn ôl fe wnes i ymgartrefu yn Llundain
When I came back I settled in London
Cymerais forgais ar gyfer tŷ bach
I took on a mortgage for a small house
Ac rwy'n briod â Miss Mary Burton
and I married Miss Mary Burton
Merch ceidwad y siop, Mr. Edmund Burton
the daughter of shop keeper, Mr. Edmund Burton
Ond bu farw fy meistr da Bates ddwy flynedd yn ddiweddarach
But my good master Bates died two years later
Dim ond ychydig o ffrindiau oedd gen i
I only had a few friends
Felly dechreuodd fy musnes fethu
so my business began to fail
Felly, penderfynais fynd i'r môr eto
so I decided to go to sea again
Ar ôl sawl mordaith, derbyniais gynnig gan y Capten W. Pritchard
After several voyages, I accepted an offer from Captain W. Pritchard
Roedd yn feistr llong "The Antelope"
he was ship master of "The Antelope"
Roedd yn gwneud taith i Fôr y De
he was making a voyage to the South Sea
Fe wnaethon ni hwylio o Fryste, ar y 4ydd o Fai 1699
We set sail from Bristol, on the 4th of May 1699
Ar y dechrau roedd ein taith yn llewyrchus iawn
at first our voyage was very prosperous

Yr oeddem ar ein taith i India'r Dwyrain
we were on our passage to the East Indies
a daethom i'r gogledd-orllewin o Wlad Van Diemen
and we had gotten to the north-west of Van Diemen's Land
Fodd bynnag, yno cawsom ein cyfarfod gan storm dreisgar
there, however, we were met by a violent storm
Roedd wyth o'n criw eisoes wedi marw o lafur caled
eight of our crew had already died from hard labour
a phedwar o'n criw wedi marw o fwyd drwg
and four of our crew died from bad food
Roedd y gweddill ohonom mewn cyflwr gwan iawn
the rest of us were in a very weak condition
Ar y pumed o Dachwedd roedd y tywydd yn wlyb iawn
On the fifth of November the weather was very hazy
Gwelodd y morwyr graig o fewn can llath ac ugain llath i'r llong
the seamen spied a rock within a hundred and twenty yards of the ship
Ond roedd y gwynt yn rhy gryf
but the wind was too strong
a chawsom ein gwthio'n syth ar y graig
and we were pushed straight upon the rock
Torrwyd ein cwch yn erbyn y graig
our boat was broken against the rock
Llwyddodd chwech ohonom i lansio cwch achub
Six of us managed to launch a rescue boat
Llwyddwyd i ddianc rhag y creigiau
we managed to get away from the rocks
a buom yn rhwyfo tua thair cynghrair
and we rowed about three leagues
Ac yna buom yn rhwyfo nes y gallem weithio mwyach

and then we rowed till we could work no longer
Roeddem wedi ymddiried ein hunain i drugaredd y tonnau
We had trusted ourselves to the mercy of the waves
Hanner awr yn ddiweddarach cynhyrfwyd y cwch gan don sydyn
half an hour later the boat was upset by a sudden wave
Beth ddaeth o fy nghymrodyr yn y cwch nad wyf yn gwybod
What became of my companions in the boat I do not know
ac nid wyf ychwaith yn gwybod beth ddigwyddodd i'm cyfeillion ar y graig
nor do I know what happened to my companions on the rock
Ond dwi'n dod i'r casgliad eu bod nhw i gyd ar goll
but I conclude they were all lost
O'm rhan i, fe wnes i swam fel ffortiwn fy nghyfeirio
For my part, I swam as fortune directed me
Cefais fy ngwthio ymlaen gan wynt a llanw
I was pushed forward by wind and tide
Yn y diwedd doeddwn i ddim yn gallu brwydro mwyach
eventually I was able to struggle no longer
Cefais fy hun o fewn cyrraedd y tir
I found myself within reach of land
Erbyn hyn roedd y storm wedi tawelu
By this time the storm had calmed down
tua wyth gyda'r nos cyrhaeddais y lan
at about eight in the evening I reached the shore
Es i ymlaen bron i hanner milltir i mewn i'r tir
I advanced nearly half a mile inland
ond ni allwn weld arwyddion trigolion
but I could not see any signs of inhabitants
Roeddwn i wedi blino iawn o'r llongddrylliad

I was extremely tired from the shipwreck
a gwres y tywydd yn fy ngwylltio i gysgu
and the heat of the weather lulled me to sleep
Roedd y glaswellt yn fyr iawn ac yn feddal
the grass was very short and soft
a mi a syrthiais arno i gysgu
and I laid down on it to sleep
Roeddwn i'n cysgu yn unig nag erioed yn fy mywyd.
I slept sounder than ever I did in my life

Pan ddeffrois i olau dydd newydd dorri
When I woke daylight had just broken
Ceisiais godi ond ni allwn
I attempted to rise, but could not
Roeddwn i'n syrthio i gysgu ar fy nghefn
I had happened to fall asleep on my back
ac yn awr fy mreichiau a'm coesau wedi eu clymu i'r llawr
and now my arms and legs were fastened to the ground
ac roedd fy ngwallt, a oedd yn hir a thrwchus, wedi'i glymu i lawr hefyd
and my hair, which was long and thick, was tied down too
Gallwn i ddim ond edrych i fyny
I could only look upward
Mae'r haul yn dechrau tyfu'n boeth
The sun began to grow hot
a'r golau yn brifo fy llygaid
and the light hurt my eyes
Clywais sŵn dryslyd o'm cwmpas
I heard a confused noise around me
ond ni allai weld dim ond yr awyr
but could see nothing except the sky
Mewn ychydig o amser roeddwn i'n teimlo rhywbeth yn

fyw

In a little time I felt something alive

Roedd yn symud ar fy nghoes chwith

it was moving on my left leg

mae'n datblygu'n ysgafn dros fy mrest

it gently advanced over my chest

ac yna daeth bron i fyny at fy ngên

and then it came almost up to my chin

Edrychais i lawr hefyd fel y gallwn

I looked down as well as I could

ac roeddwn i'n gweld beth oedd yn edrych fel creadur bach

and I perceived what looked like a little human creature

Ni allai fod wedi bod yn fwy na 6 modfedd o uchder

it could not have been more than six inches high

Roedd ganddo fwa a saeth yn ei ddwylo

it had a bow and arrow in his hands

Yn y cyfamser roeddwn i'n teimlo o leiaf ddeugain arall ohonyn nhw

In the meantime I felt at least another forty of them

Roedden nhw'n dilyn y dyn bach cyntaf

they were following the first little man

Roeddwn yn y syfrdanu mwyaf

I was in the utmost astonishment

Rhuais mor uchel fel eu bod i gyd yn rhedeg yn ôl mewn dychryn

I roared so loud that they all ran back in a fright

a chafodd rhai ohonyn nhw eu brifo o neidio oddi ar fy ochrau

and some of them were hurt from jumping off me sides

Fodd bynnag, daethant yn ôl yn fuan

However, they soon returned

Ac un ohonynt yn mentro yn ddigon pell i weld fy

wyneb
and one of them ventured far enough to see my face
Cododd ei ddwylo mewn edmygedd
he lifted up his hands in admiration
Rwy'n gosod hyn i gyd tra mewn anesmwythder mawr
I lay all this while in great uneasiness
ond yn hir, roeddwn i'n cael trafferth mynd yn rhydd
but at length, I struggled to get loose
ac yn olaf llwyddais i dorri'r tannau
and finally I succeeded in breaking the strings
Roedd fy mraich chwith bellach yn rhydd
my left arm was now free
Nesaf rhoddais dynnu treisgar gyda fy mhen
next I gave a violent pull with my head
Rhoddodd hyn boen mawr i'm gwallt
this gave my hair great pain
ond fe wnes i lacio'r tannau o gwmpas fy ngwallt ychydig
but I loosened the strings around my hair a little
Nawr roeddwn i'n gallu troi fy mhen tua dwy fodfedd
now I was able to turn my head about two inches
Ond rhedodd y creaduriaid oddi ar yr ail dro
But the creatures ran off a second time
ac ni chefais gyfle i'w hachub
and I had not chance to seize them
achosodd hyn i gyd gynnwrf mawr gan y bobl fach
all this caused a great uproar from the little people
Mewn eiliad roeddwn i'n teimlo mwy na chant o saethau
in an instant I felt more than a hundred arrows
Roedden nhw wedi saethu eu saethau bach ar fy llaw chwith
they had shot their little arrows at my left hand
Roedden nhw'n pigo fi fel cymaint o nodwyddau

they pricked me like so many needles
Ar ben hynny, maent yn saethu ymosodiad arall i'r awyr.
Moreover, they shot another attack into the air
mae rhai o'r rhain yn disgyn ar fy wyneb
some of these fell on my face
Gorchuddiais fy wyneb â'm llaw chwith ar unwaith
I immediately covered my face with my left hand
Pan oedd y gawod hon o saethau drosodd mi grïodd gyda galar a phoen
When this shower of arrows was over I groaned with grief and pain
Ceisiais eto i fod yn rhydd
I tried again to get loose
A hwy a ollyngasant hediad arall o saethau mwy na'r rhai cyntaf.
and they discharged another flight of arrows larger than the first
Ac mae rhai ohonynt yn ceisio fy nhrywanu â'u gwaywffyn.
and some of them tried to stab me with their spears
ond trwy lwc dda ges i ar siaced lledr
but by good luck I had on a leather jacket
Nid oedd unrhyw ffordd y gallent ei thorri
there was no way they could pierce it
Erbyn hyn roeddwn i'n meddwl ei bod yn ddoeth gorwedd yn llonydd tan nos
By this time I thought it most prudent to lie still till night
Roedd fy llaw chwith yn rhydd
my left hand was already free
Gallaf yn hawdd rhyddhau fy hun yn ddiweddarach
I could easily free myself later
Doedd y trigolion ddim wir yn poeni fi
the inhabitants didn't really worry me

Roeddwn i'n siwr y byddwn i'n gryfach na'u byddin fwyaf
I was sure I would be stronger than their greatest army
cyn belled â'u bod i gyd yr un maint
as long as they were all the same size

gwelodd y bobl fy mod yn dawel
the people observed that I was quiet
Felly wnaethon nhw ddim rhyddhau saethau mwyach
so they discharged no more arrows
ond roeddwn i'n gwybod eu bod nhw'n cynyddu mewn niferoedd
but I knew that they were increasing in numbers
oherwydd gallwn glywed maint y dorf yn tyfu
because I could hear the size of the crowd growing
tua phedair llath oddi wrthyf roedd cnoc
about four yards from me there was a knocking
parhaodd y cnocio hwn am y rhan well o awr
this knocking lasted for the better part of an hour
rhaid eu bod wedi bod yn y gwaith, yn gwneud rhywbeth
they must have been at work, making something
Fe wnes i droi fy mhen tuag at y sŵn yn ogystal ag y gallwn
I turned my head towards the noise as well as I could
Mae'r pegiau a'r tannau yn dal i fy nghyfyngu
the pegs and strings still restricted me
Sefydlwyd llwyfan
a stage had been set up
roedd tua throed a hanner o'r ddaear
it was about a foot and a half from the ground
gosodwyd dwy neu dair ysgol iddo
two or three ladders were mounted to it

Roedd rhywun yn sefyll ar y llwyfan
someone was standing on the stage
Roeddent yn ymddangos fel person o ansawdd
they seemed to be a person of quality
Ac roedden nhw'n gwneud araith hir
and they were making a long speech
Doeddwn i ddim yn gallu deall gair ohono
I could not understand a word of it
ond gallwn i ddweud o'i ffordd beth oedd e'n ei ddweud
but I could tell from his manner what he was saying
Weithiau roedd e'n bygwth fi
sometimes he was threatening me
Ar adegau eraill, siaradodd â thrugaredd a charedigrwydd
at other times he spoke with pity and kindness
Atebais mewn ychydig eiriau
I answered in few words
ond fe wnes i sicrhau fy mod i mor ddiamddiffyn â phosib
but I made sure to be as submissive as possible
Erbyn hyn roeddwn bron yn enwog gyda newyn
by now I was almost famished with hunger
ac roeddwn i'n gwybod fy mod i wedi dod i ddibynnu ar eu caredigrwydd
and I knew I had come to depend on their kindness
Allwn i ddim helpu i ddangos fy amynedd
I could not help showing my impatience
Rwy'n rhoi fy mys yn aml i'm ceg, i ddangos fy mod i eisiau bwyd
I put my finger frequently to my mouth, to signify that I wanted food
Roedd e'n deall fi'n dda iawn
He understood me very well

ac efe a ddisgynnodd o'r llwyfan
and he descended from the stage
Gorchmynnodd i sawl ysgol gael eu rhoi yn erbyn fy ochrau
he commanded several ladders to be put against my sides
Dringodd mwy na chant o'r trigolion i fyny'r ysgolion
more than a hundred of the inhabitants climbed up the ladders
a cherddasant i'm genau â basgedi yn llawn o fwyd.
and they walked toward my mouth with baskets full of food
Roedd coesau ac ysgwyddau mutton
There were legs and shoulders of mutton
ond yr oeddynt yn llai nag adenydd lark
but they were smaller than the wings of a lark
Bwytais ddau neu dri ohonynt mewn modd ceg
I ate them two or three at a mouthful
a chymerais dair torth ar y tro
and I took three loaves at a time
Maent yn rhoi i mi cyn gynted ag y gallent
They supplied me as fast as they could
ac maent yn rhyfeddu at fy awydd
and they marvelled at my appetite
Yna gwnes i arwydd fy mod i eisiau rhywbeth i'w yfed
I then made a sign that I wanted something to drink
Maent yn dyfalu na fyddai swm bach yn ddigon i mi
They guessed that a small quantity would not suffice me
felly dyma nhw'n dod â'u casgen fwyaf i mi
so they brought me their largest barrel
maent yn ei roi tuag at fy llaw
they rolled it towards my hand
Ac yna fe wnaethon nhw agor y top i mi
and then they opened the top for me

Fe wnes i yfed mewn un cwrw
I drank it in one gulp
oherwydd nad oedd yn dal mwy na hanner peint
because it did not hold more than half a pint
Fe ddaethon nhw ag ail gasgen i
They brought me a second barrel
Yfais y gasgen hon hefyd
I drank this barrel also
ac rwyf wedi gwneud arwyddion am fwy o
and I made signs for more
Ond doedd ganddyn nhw ddim mwy i'w roi i mi
but they had no more to give me
Ni allwn ond tybed pa mor fentrus oedd y bobl fach hyn
I could not but wonder how daring these tiny people were
Aethant i fyny a cherdded ar fy nghorff
they ventured to mount and walk upon my body
ac roedden nhw'n gwybod bod fy llaw yn rhydd
and they knew my hand was free
ond er gwaethaf hyn nid oeddent byth yn crynu unwaith
but despite this they never trembled once
er bod yn rhaid fy mod wedi ymddangos yn greadur enfawr iddyn nhw
even though I must have seemed a huge creature to them

Ar ôl peth amser daeth person o safle uchel
After some time a person of high rank came
Roedd yn dod o'i Fawrhydi Ymerodrol
he was from his Imperial Majesty
Ei Ardderchowgrwydd yn gosod fy nghoes dde
His Excellency mounted my right leg
Yna aeth ymlaen i'm hwyneb
and then he advanced to my face
Roedd tua dwsin o'i ddynion yn ei ddilyn

about a dozen of his men followed him
Siaradai am tua deg munud
he spoke for about ten minutes
Roedd yn aml yn pwyntio i'r un cyfeiriad
he often pointed in the same direction
Ar ôl hynny darganfyddais fod hyn tuag at y brifddinas
afterwards I found this was towards the capital city
roedd tua hanner milltir o'r lle yr oeddem
it was about half a mile from where we were
ei Fawrhydi a orchmynnodd i mi gael fy ngharu
his Majesty had commanded that I should be carried
Gwnes i arwydd gyda fy llaw a oedd yn rhydd
I made a sign with my hand that was loose
ond fe wnes i yn siŵr nad oedd yn brifo ei ardderchowgrwydd
but I made sure not to hurt his Excellency
a dangosais fy mod am gael fy rhyddhau
and I showed that I desired to be freed
Roedd yn ymddangos ei fod yn deall fi yn ddigon da
He seemed to understand me well enough
am ei fod yn ysgwyd ei ben
because he shook his head
Ond mae hefyd wedi gwneud arwyddion eraill
but he made other signs too
Mae hyn yn rhoi gwybod i mi y byddai digon o fwyd a diod
this let me know there would be enough food and drink
ac addawyd triniaeth dda iawn i mi
and I was promised very good treatment
Roeddwn i'n meddwl unwaith eto am geisio dianc
I thought once more of attempting to escape
ond wedyn cofiais y clwyfau o'u saethau
but then I remembered the wounds from their arrows

Roedd fy wyneb a'm llaw wedi'u gorchuddio mewn pothelli
my face and hand were covered in blisters
a sylwais fod nifer fy ngelynion wedi cynyddu
and I observed that the number of my enemies had increased
Rhoddais arwydd i ddangos eu bod wedi cael fy nghaniatâd.
I gave a sign to show they had my permission
gallent wneud gyda mi fel y mynnent
they could do with me as they pleased
Yna maent yn rhwbio fy wyneb a'm dwylo gyda eli arogl melys
Then they rubbed my face and hands with a sweet-smelling ointment
Mewn ychydig funudau diflannodd yr holl boen
in a few minutes all the pain was gone
Roedd y rhyddhad rhag poen a newyn yn gwneud i mi fod yn gysglyd
The relief from pain and hunger made me drowsy
Syrthiais i gysgu eto
and I fell asleep again
Cysgais tua wyth awr, fel y dywedwyd wrthyf wedyn
I slept about eight hours, as I was told afterwards
Ac nid oedd yn syndod
and it was not surprising
roeddent wedi cymysgu meddyginiaeth gysgu i'r gasgen o win
they had mingled a sleeping medicine into the barrel of wine

Mae'n ymddangos bod yr ymerawdwr wedi cael gwybod yn dda am fy nghyrchiad

It seems that the emperor had been well informed of my arrival
Roedden nhw wedi sylwi arna i'n dod i'w ynys
they had noticed me coming onto their island
ac mae'n rhaid eu bod wedi fy nilyn yn gyfrinachol
and they must have followed me secretly
pan syrthiais i gysgu, penderfynwyd fy nghlymu i fyny
when I fell asleep it had been decided to tie me up
Ond roedden nhw hefyd wedi paratoi'r bwyd a'r diod ymhell ymlaen llaw
but they had also prepared the food and drink well in advance
ac roedd peiriant wedi ei baratoi i'm cludo i'r brifddinas
and a machine had been prepared to carry me to the capital city
Cyflogwyd 500 o seiri a pheirianwyr
Five hundred carpenters and engineers were employed
Aethant ati ar unwaith i weithio i baratoi'r injan
they immediately set to work to prepare the engine
Roedd yn ffrâm bren
It was a frame of wood
maent yn codi ei 3 modfedd o'r ddaear
they raised it three inches from the ground
Ac yr oedd tua saith troedfedd o hyd, a phedwar o led
and it was about seven feet long, and four wide
Symudodd ar ddwy olwyn ar hugain
it moved upon twenty-two wheels
Ond yr anhawster oedd fy rhoi ar y peth
But the difficulty was to put me on it
Codwyd 80 o begwn at y diben hwn
Eighty poles were erected for this purpose
a rhwymwyd cordiau cryf iawn i rwymau
and very strong cords were fastened to bandages

Roedd y gweithwyr wedi eu clymu o'm cwmpas
the workmen had tied these around me
O amgylch fy ngwddf, dwylo, corff, a choesau
around my neck, hands, body, and legs
Yna, talgrynwyd 900 o'r dynion cryfaf
Nine hundred of the strongest men were then rounded up
Fe wnaethon nhw dynnu'r cordiau hyn gyda phlygau
they pulled these cords with pulleys
Cymerodd fy symud ymlaen i'r platfform lai na thair awr
moving me onto the platform took less than three hours
ac yno fe'm rhwymwyd eto
and there they tied me again
Talgrynnwyd 150 o geffylau mwyaf yr Ymerawdwr i fyny
Fifteen hundred of the Emperor's largest horses were rounded up
Roedd pob ceffyl tua phedair modfedd a hanner o uchder
each horse was about four inches and a half high
ac yna fe'u cyflogwyd i'm tynnu tuag at y brifddinas
and they were then employed to pull me towards the capital
Ond tra bod hyn i gyd yn cael ei wneud, roeddwn i'n gorwedd mewn cwsg dwfn
But while all this was done I lay in a deep sleep
Wnes i ddim deffro tan bedair awr ar ôl i ni ddechrau ar ein taith.
and I did not wake till four hours after we began our journey

O'r diwedd roedden ni wedi cyrraedd y brifddinas
we had finally reached the capital

Daeth yr Ymerawdwr a'i holl lys allan i'n cyfarfod
The Emperor and all his Court came out to meet us
ond ni fyddent yn peryglu bywyd yr Ymerawdwr
but they would not risk the Emperor's life
felly nid oedd yn mynd i'm corff
so he did not go onto my body
Fe wnaethon ni stopio ger giât fawr y ddinas
we stopped near the great gate of the city
Yma roedd teml hynafol yn sefyll
here there stood an ancient temple
tybir mai hon oedd y deml fwyaf yn y deyrnas gyfan
supposedly this was the largest temple in the whole kingdom
ac yma penderfynwyd y dylwn i letya
and here it was determined that I should lodge
Gallwn yn hawdd ymlusgo drwy'r porth mawr, pe baent eisiau i mi yn eu dinas
I could easily creep through the great gate, if they wanted me in their city
gosodasant naw deg un o gadwynau i mi
they fixed ninety-one chains to me
cadwyni fel y rhai sy'n hongian i wylio menyw
chains like those which hang to a lady's watch
ac fe wnaethant gloi fy nghoes chwith gyda 36 clo clap
and they locked my left leg with thirty-six padlocks
Penderfynodd y gweithwyr ei bod yn amhosibl i mi dorri'n rhydd
the workmen determined it was impossible for me to break loose
ac yna torrant yr holl linynnau a'm rhwymodd
and then they cut all the strings that bound me
Codais i fyny am y tro cyntaf ers i mi gysgu ar yr ynys
I rose up for the first time since I had slept on the island

ac roeddwn i'n teimlo mor melancholy ag erioed yn fy mywyd
and I felt as melancholy as I ever had in my life
Roedd sŵn a syndod y bobl yn anhraethadwy
the noise and astonishment of the people was inexpressible
Doedden nhw erioed wedi gweld rhywbeth mor fawr yn sefyll i fyny
they had never seen something so big stand up
Roedd y cadwyni a oedd yn dal fy nghoes chwith tua dwy lath o hyd
The chains that held my left leg were about two yards long
Roedd gen i ddigon o ryddid i gerdded mewn semicircle
I had enough freedom to walk in a semicircle
ac roeddwn i'n gallu gorwedd ar hyd llawn y tu mewn i'r deml
and I could just about lie at full length inside the temple
Dyrchafodd yr Ymerawdwr ataf o blith ei weision
The Emperor advanced toward me from among his courtiers
Arolygodd fi gyda edmygedd mawr
he surveyed me with great admiration
ond arhosodd y tu hwnt i hyd fy nghadwyn
but he stayed beyond the length of my chain
Yr oedd yn dalach na'r gweddill o'i ddynion.
He was taller than the rest of his men
ond dim ond tua hyd hanner bys
but only by about the length of half a fingernail
hyn yn unig oedd yn ddigon i daro awch i mewn i'r beholders
this alone was enough to strike awe into the beholders
Y gorau i'w weld, gorweddais ar fy ochr
The better to behold him, I lay down on my side

fel bod fy wyneb yn gyfartal â'i
so that my face was level with his
a safodd dair llath i ffwrdd
and he stood three yards off
Fodd bynnag, rwyf wedi ei gael yn fy llaw sawl gwaith ers hynny
However, I have had him in my hand many times since then
ac felly ni ellir fy nhwyllo
and therefore I cannot be deceived
Roedd ei gwisg yn syml iawn
His dress was very simple
ond gwisgodd helmed ysgafn o aur
but he wore a light helmet of gold
Roedd wedi ei addurno â thlysau a phluen
it was adorned with jewels and a plume
Daliodd ei gleddyf wedi ei dynnu yn ei law, i amddiffyn ei hun os dylwn i dorri'n rhydd
He held his sword drawn in his hand, to defend himself if I should break loose
Yr oedd bron i dair modfedd o hyd
it was almost three inches long
A'r hilt oedd o aur, wedi ei gyfoethogi â diemwntau
and the hilt was of gold, enriched with diamonds
Roedd ei lais yn sigledig, ond yn glir iawn
His voice was shrill, but very clear
Roedd Ei Fawrhydi Ymerodrol yn siarad â mi yn aml
His Imperial Majesty spoke often to me
Ac yr wyf yn ateb iddo fel gorau y gallwn
and I answered him as best I could
Ond doedd neb ohonom yn deall gair
but neither of us could understand a word

Pennod Dau
Chapter Two

Ar ôl tua dwy awr ymddeolodd y llys
After about two hours the Court retired
Cefais warchodwr cryf
I was given a strong guard
Cadwodd y dorf o bell
he kept the crowd at a distance
Roedd rhai o'r dorf braidd yn ddigywilydd
some of the crowd was rather impudent
Eisteddais wrth ddrws fy nhŷ
I sat by the door of my house
a hwy a saethasant eu saethau arnaf fi
and they shoot their arrows at me
Ond gorchmynnodd y cyrnol i chwech ohonynt gael eu cipio
But the colonel ordered six of them to be seized
Roedd wedi eu clymu â llinyn
he had them tied up with string
ac efe a'u rhoddodd hwynt yn fy llaw i
and he delivered them into my hands
Rhoddais bump ohonynt yn fy mhoced cot
I put five of them into my coat pocket
y chweched dyn a ddaliais o'm blaen
the sixth man I held in front of me
Yna gwnes i wyneb fel pe bawn i'n ei fwyta
then I made a face as if I would eat him
Gwaeddodd y dyn tlawd yn ofnadwy
The poor man screamed terribly
ac yr oedd y Cyrnol a'i swyddogion yn ofidus iawn
and the colonel and his officers were much distressed
fe dyfon nhw hyd yn oed yn fwy pryderus pan gymerais

fy mhenknife allan
they grew even more concerned when I took out my penknife
Ond yn fuan iawn fe wnes i dawelu eu meddwl
But I soon set their minds at ease
Torrais y llinynnau yr oedd wedi eu rhwymo
I cut the strings he was bound with
ac fe'i rhoddais yn ysgafn ar y llawr
and I put him gently on the ground
Oddi yno rhedodd mor gyflym ag y gallai
from there he ran as fast as he could
Fe wnes i drin y gweddill yn yr un modd
I treated the rest in the same manner
Cymerais nhw fesul un allan o fy mhoced
I took them one by one out of my pocket
erbyn y trydydd tro mi wnes i fe welodd y dorf yr hiwmor
by the third time I did it the crowd saw the humour
Ac roedd pawb wrth eu bodd gyda'r marc hwn o fy nghymwynasgarwch
and all were delighted at this mark of my kindness

Tua'r nos fe wnes i ymddeol i gysgu
Toward night I retired to sleep
Es i mewn i'm llety gyda rhywfaint o anhawster
I got into my lodgings with some difficulty
a dyma fi'n gorwedd ar lawr gwlad
and here I lay on the ground
Bu'n rhaid i mi wneud hynny am bythefnos
I had to do so for a fortnight
Roedd gwely yn dal i gael ei baratoi ar fy nghyfer
a bed was still being prepared for me
Roedd yn cael ei wneud o 600 o welyau cyffredin

it was being made of six hundred ordinary beds
yn union fel llawer o weision wedi cael eu penodi i mi
just as many servants were appointed to me
a thri chant o deilwriaid wnaeth siwt o ddillad i mi
and three hundred tailors made me a suit of clothes
Ar ben hynny, cefais chwech o ysgolheigion mwyaf ei Fawrhydi
Moreover, I was given six of his Majesty's greatest scholars
fe'u cyflogwyd i ddysgu eu hiaith i mi
they were employed to teach me their language
cyn bo hir roeddwn i'n gallu sgwrsio ychydig gyda'r Ymerawdwr
soon I was able to converse a little with the Emperor
Roedd yn aml yn fy anrhydeddu gyda'i ymweliadau
he often honoured me with his visits
Yn gyntaf, dysgais sut i ddweud fy mod eisiau fy rhyddid
first I learned how to say I wanted my liberty
Bob dydd fe wnes i ei ailadrodd ar fy ngliniau
every day I repeated it on my knees
Ond atebodd y byddai'n cymryd amser
but he answered that it would take time
Yn gyntaf, rhaid imi dyngu heddwch ag ef a'i deyrnas
first I must swear a peace with him and his kingdom

Roedd cyfraith y genedl hefyd:
there was also a law of the nation:
Mae'n rhaid i ddau o'i swyddogion chwilio
I must be searched by two of his officers
Ni ellir gwneud hyn heb fy help
this could not be done without my help
ymddiriedodd yn fy nwylo

he trusted them in my hands
ac Addawyd i mi y byddai popeth a gymerasant oddi wrthyf yn cael ei ddychwelyd
and I was promised all they took from me would be returned
Pan fyddaf yn gadael y wlad
when I leave the country
Derbyniais y ddau swyddog
I took up the two officers
a rhoddais hwynt yn fy mhocedi cot
and I put them into my coat pockets
Roedd gan y boneddigion beiro a phapur gyda nhw
The gentlemen had pen and paper with them
ac fe wnaethant restr union o bopeth a welon nhw
and they made an exact list of everything they saw
Cyfieithais eu nodiadau i'n hiaith
I translated their notes into our language
"Aethon ni i boced côt dde y Man-Mountain"
"we went into the right coat pocket of the Man-Mountain"
"Dyma ni ond yn dod o hyd i un darn mawr o frethyn bras"
"here we found only one great piece of coarse cloth"
'Digon mawr i garpedi ystafell fwyaf y castell'
"large enough to carpet the largest room of the castle"
"Yn y boced chwith gwelsom gist arian enfawr"
"In the left pocket we saw a huge silver chest"
"Roedd ganddo orchudd arian arno"
"it had a silver cover on it"
"Ond allwn ni ddim ei agor"
"but we could not open it"
"Fe wnaethon ni ofyn i'r dyn anferth agor y frest"
"we asked the giant man to open the chest"
'Un ohonom yn camu i mewn iddo'

"one of us stepped into it"
"Roedd e fyny i'w goesau mewn rhyw fath o lwch"
"he was up to his legs in a sort of dust"
"Mae rhai o'r llwch yn hedfan i mewn i'n hwynebau"
"some of the dust flew into our faces"
"a'r llwch yn ein hanfon ni'n dau i ffit o tisian"
"and the dust sent us both into a fit of sneezing"
"Yna aethom i'w boced gwasg dde"
"then we went to his right waistcoat pocket"
"Dyma ni'n dod o hyd i nifer o sylweddau tenau gwyn"
"here we found a number of white thin substances"
"Roedden nhw'n cael eu gwasgu un dros y llall"
"they were folded one over the other"
"Roedd pob un yn ymwneud â maint tri dyn"
"each was about the size of three men"
"Roedden nhw'n cael eu clymu â chebl cryf"
"they were tied with a strong cable"
"ac fe gawson nhw eu marcio gyda ffigyrau duon"
"and they were marked with black figures"
"Rydym yn tybio yn ostyngedig mai eu system ysgrifennu nhw yw hi"
"we humbly assume it is their writing system"
"Ar y chwith roedd rhyw fath o beiriant"
"In the left there was a sort of engine"
"Yng nghefn yr injan roedd ugain pegwn hir"
"at the back of the engine there were twenty long poles"
"Rydyn ni'n tybio mai dyma sut mae'r dyn yn cribo ei wallt"
"we assume this is how the man-mountain combs his hair"
"Wedyn aethon ni mewn i'r boced llai ar yr ochr dde"
"then we went into the smaller pocket on the right side"
"Yma roedd sawl darn o fetel gwastad crwn"
"here there were several round flat pieces metal"

"**Roedd rhai ohonyn nhw'n ymddangos fel petaen nhw'n arian**"
"some of them appeared to be silver"
"**Ond roedden nhw mor fawr fel na allen ni eu codi**"
"but they were so large we could not lift them"
"**O boced arall yn hongian cadwyn arian enfawr**"
"From another pocket hung a huge silver chain"
"**Ar ddiwedd y gadwyn yn fath gwych o beiriant**"
"at the end of the chain was a wonderful kind of engine"
"**hanner arian a hanner y byd o fetel tryloyw**"
"a globe half silver and half of some transparent metal"
"**Ar yr ochr dryloyw gwelsom rai ffigurau rhyfedd**"
"on the transparent side we saw certain strange figures"
"**Roedden ni'n meddwl y gallem ni eu cyffwrdd nhw**"
"we thought we could touch them"
"**Ond fe wnaethon ni ddarganfod bod ein bysedd wedi cael eu stopio gan y sylwedd disglair**"
"but we found our fingers were stopped by the shining substance"
"**Gwnaeth yr injan hon sŵn llosgol**"
"This engine made an incessant noise"
"**Mae'n swnio fel melin ddŵr**"
"it sounded like a water-mill"
"**Mae'n anifail anhysbys neu'n dduw**"
"it is either some unknown animal or their God"
"**Mae'n debyg mai hwn yw'r olaf**"
"it is probably the latter"
"**Oherwydd ei fod yn dweud wrthym ei fod bob amser yn cyfeirio ato**"
"because he told us that he always refers to it"
"**Dyma restr o'r hyn a ddaethom o hyd iddo ar y Man-Mountain**"
"This is a list of what we found on the Man-Mountain"

"Dylid dweud ei fod yn ein trin â gwaredigaeth fawr"
"it should be said that he treated us with great civility"
Roedd gen i hefyd un poced preifat a ddihangodd o'u chwiliad
I also had one private pocket which escaped their search
Roedd yn cynnwys pâr o sbectol
it contained a pair of spectacles
ac roedd ganddo hefyd wydr spy-bach
and it also had a small spy-glass
ond nid oedd y rhain o unrhyw ganlyniad i'r Ymerawdwr
but these were of no consequence to the Emperor
felly doeddwn i ddim yn teimlo bod yn rhaid i mi grybwyll
so I did not feel I had to mention it

Pennod Tri
Chapter Three

Enillodd fy addfwynder ymddiriedaeth yr Ymerawdwr
My gentleness gained the trust of the Emperor
a sylwodd y bobl yn gyffredinol arno hefyd
and the people in general noticed it too
Dechreuais gael gobaith o gael fy rhyddid yn fuan
I began to have hopes of getting my liberty soon
Daeth y brodorion yn araf yn llai ofnus i mi
The natives slowly became less fearful of me
Weithiau byddwn yn dal fy llaw allan i'r plant
I would sometimes hold my hand out for the children
a byddwn i'n gadael i bump neu chwech ohonyn nhw ddawnsio ar fy llaw
and I would let five or six of them dance on my hand
Yn y diwedd, fe wnaethant hyd yn oed chwarae cuddio a cheisio yn fy ngwallt
in the end they even played hide-and-seek in my hair
Nid oedd ceffylau'r fyddin bellach yn swil
The horses of the army were no longer shy
Bob dydd fe'u harweiniwyd heibio i mi
each day they were led past me
Un diwrnod penderfynais ddiddanu'r ymerawdwr
one day I decided to amuse the Emperor
Cymerais naw ffyn bach
I took nine small sticks
a'u gosod yn gadarn yn y ddaear mewn sgwâr
and fixed them firmly in the ground in a square
Yna cymerais bedwar bag arall
Then I took four other sticks
Rwy'n eu clymu yn gyfochrog â phob cornel
I tied them parallel to each corner

dyma fi'n codi tua dwy droedfedd o'r ddaear
this I raised about two feet from the ground
a'r holl ffyn yn sefyll allan o'r llawr
and all the sticks stood out of the ground
Gosodais fy handkerchief i'r naw ffon
I fastened my handkerchief to the nine sticks
ac estynnais y handkerchief ar bob ochr
and I extended the handkerchief on all sides
nes ei fod mor taut fel drwm
till it was as taut as a drum
Gwahoddais filwyr o'i geffylau gorau i'r canopi
I invited a troop of his best horses onto the canopy
gallen nhw wneud eu perfformiadau arno
they could do their performances on it
Cymeradwyodd Ei Fawrhydi o'r cynnig
His majesty approved of the proposal
A mi a'u cymerais hwynt i fyny o un i un
and I took them up one by one
a phob swyddog yn dod i fyny gyda'i geffyl
and each officer came up with his horse
Cyn gynted ag y gwnaethant fynd i drefn fe wnaethant rannu'n ddwy blaid
As soon as they got into order they divided into two parties
Fe wnaethon nhw ryddhau saethau pybyr
they discharged blunt arrows
Tynnasant eu cleddyfau a rhyfela
they drew their swords and battled
Ffoesant a dilyn ei gilydd yn union fel mewn rhyfel
they fled and pursued each other just like in war
maent yn dangos y ddisgyblaeth filwrol orau a welais erioed
they showed the best military discipline I ever seen

roedd yr Ymerawdwr wrth ei fodd gyda'r adloniant
the Emperor was very much delighted with the entertainment
a gorchmynnodd ei ailadrodd sawl gwaith
and he ordered it to be repeated several times
fe wnaethon ni hyd yn oed berswadio'r Empress i adael i mi ei dal yn ei chadair
we even persuaded the Empress to let me hold her in her chair
Fel hyn, gallai weld y perfformiad oddi uchod
this way she could see the performance from above
Yn ffodus, ni ddigwyddodd unrhyw ddamwain ddifrifol
Fortunately no serious accident happened
Unwaith i geffyl temperamental daro twll yn fy handkerchief
once a temperamental horse struck a hole in my handkerchief
Dymchwelodd ei farchog ac ef ei hun
he overthrew his rider and himself
Ond fe wnes i helpu'r ddau ar unwaith
But I immediately helped them both up
a gorchuddiais y twll gydag un llaw
and I covered the hole with one hand
Rhoddais y milwyr i lawr gan fy mod wedi mynd â nhw i fyny
I set down the troop as I had taken them up
Roedd y ceffyl a syrthiodd wedi straenio ei ysgwydd
The horse that fell had strained its shoulder
Ond ni chafodd y gyrrwr ei frifo
but the rider was not hurt
ac yr wyf yn atgyweirio fy handkerchief yn ogystal ag y gallwn
and I repaired my handkerchief as well as I could

Fodd bynnag, nid oeddwn yn ymddiried yn ei chryfder mwyach
However, I didn't trust the strength of it any more

Rwyf wedi gwneud llawer o apêl am fy rhyddid
I had made many pleas for my liberty
Roedd ei Mawrhydi hyd yn oed yn cynnal cyfarfod ar ei gyfer
his Majesty even held a meeting for it
ni wrthwynebwyd y syniad gan neb ac eithrio un
the notion was opposed by none except one
Skyresh Bolgolam, llyngesydd y deyrnas
Skyresh Bolgolam, the admiral of the realm
Penderfynodd wneud ei hun yn elyn
he had decided to make himself my enemy
Gwnaeth hynny heb unrhyw gynganeddu
he did so without any provocation
Fodd bynnag, o'r diwedd, cytunodd i adael i mi ryddhau
However, he finally agreed to let me free
ond llwyddodd i lunio rhai amodau
but he succeeded in drawing up some conditions
Darllenwyd yr amodau hyn i mi
these conditions were read to me
a bu'n rhaid i mi addo dilyn eu gorchmynion
and I had to promise to follow their orders
gwnaed yr addewid hwn yn ei ffordd draddodiadol
this promise was made in their traditional way
Roedd yn rhaid i mi ddal fy nhroed dde yn fy llaw chwith
I had to hold my right foot in my left hand
ac roedd yn rhaid i mi roi fy mys canol ar fy mhen
and I had to place my middle finger on my head
Roedd rhaid i'm bawd fod ar ben fy nghlust dde

my thumb had to be on the top of my right ear
Ac yna roedd yn rhaid i mi ailadrodd eu hamodau
and then I had to repeat their conditions
Rwyf wedi gwneud cyfieithiad o'r amodau:
I have made a translation of the conditions:
"Golbaste Mamarem Evlame Gurdile Shefin Mully Ully Gue"
"Golbaste Mamarem Evlame Gurdile Shefin Mully Ully Gue"
"Ymerawdwr mwyaf pwerus Lilliput"
"Most Mighty Emperor of Lilliput"
'Llawenydd ac arswyd y bydysawd'
"delight and terror of the universe"
"Mae ei arglwyddiaethau yn ymestyn hyd eithafoedd y byd"
"his dominions extends to the ends of the globe"
'Brenhinoedd i gyd'
"monarch of all monarchs"
'Talach na phlant dynion'
"taller than the sons of men"
'Ei draed yn gwasgu i lawr i ganol y ddaear'
"his feet press down to the centre of the earth"
"a'i ben yn taro yn erbyn yr haul"
"and his head strikes against the sun"
"Yn ei nod mae tywysogion y ddaear yn ysgwyd eu gliniau"
"at his nod the princes of the earth shake their knees"
'Mor hyfryd â'r gwanwyn'
"as pleasant as the spring"
"Mor gyfforddus â'r haf"
"as comfortable as the summer"
'Mor ffrwythlon â'r hydref'
"as fruitful as autumn"

'Mor ofnadwy â'r gaeaf'
"as dreadful as winter"
"Ei Fawrhydi Mwyaf Aruchel yn cynnig i'r Man-Mountain"
"His Most Sublime Majesty offers to the Man-Mountain"
"Yr un a gyrhaeddodd ein harglwyddiaethau nefol yn ddiweddar"
"the one who lately arrived at our celestial dominions"
"Trwy lw difrifol bydd yn rhaid iddo gyflawni'r canlynol"
"by a solemn oath he shall be obliged to perform the following"

"Yn gyntaf. Mae angen caniatâd ar y Mynydd Dyn i wyro oddi wrth ein harglwyddiaethau."
"First. The Man-Mountain needs permission to depart from our dominions"
"Yn ail. Mae angen caniatâd arno i ddod i mewn i'n metropolis."
""Second. He needs permission to come into our metropolis"
"Bydd gan y trigolion ddwy awr o rybudd cyn i hyn ddigwydd"
"the inhabitants shall have two hours' warning before this happens"
Yn drydydd. Bydd Mynydd y Dyn yn cyfyngu ei deithiau cerdded i'n priffyrdd
"Third. The Man-Mountain shall confine his walks to our highways
"Dydy e ddim yn gallu cerdded na gorwedd i lawr mewn dolydd neu gae o ŷd"
"he can't walk or lie down in a meadow or field of corn"
Yn bedwerydd. rhaid iddo ofalu nad yw'n sathru ar ein

pobl."
"Fourth. he must take care not to trample on our people"
"Rhaid iddo gymryd yr un rhagofalon ar gyfer ein ceffylau a'n cerbydau"
"he must take the same precautions for our horses and carriages"
"Mae'n rhaid iddo ofyn am ganiatâd i godi unrhyw un"
"and he must ask permission to pick anyone up"
"Pumed. Os oes angen anfon negeseuon atom bydd y Man-Mountain yn ein helpu ni"
"Fifth. If we require messages to be sent the Man-Mountain will help us"
"Bydd yn rhoi'r negesydd a'r ceffyl yn ei boced"
"he will put the messenger and the horse in his pocket"
Bydd yn eu cymryd am chwe diwrnod.
"he will carry them for six days"
"Bydd yn dychwelyd y negesydd os bydd angen"
"and he will return the messenger, if so required"
"Yn chweched. Bydd yn ein cynghreirio yn erbyn ein gelynion. "
"Sixth. He shall be our ally against our enemies"
"Ynyswyr Blefuscu"
"the islanders of Blefuscu"
"a bydd yn gwneud ei orau glas i ddinistrio eu fflyd"
"and he will do his utmost to destroy their fleet"
"Oherwydd eu bod yn awr yn paratoi i ymosod arnom"
"because they are now preparing to invade us"
"Yn olaf. Os yw'r Mynydd Dyn yn cadw ei lw:"
"Lastly. If the Man-Mountain keeps his oath:"
"Bydd ganddo lwfansau dyddiol o gig a diod"
"he will have a daily allowance of meat and drink"
"Digon ar gyfer cefnogi mil saith gant dau ddeg a phedwar o'n pobl."

"sufficient for the support of one thousand seven hundred and twenty four of our people"
"Bydd ganddo fynediad am ddim i'n person brenhinol"
"he will have free access to our royal person"
"a bydd yn ennill llawer o ffafrau oddi wrthym"
"and he will gain many favours from us"
"Cyhoeddwyd yn ein palas yn Belfaburac"
"Declared at our palace at Belfaburac"
"Y deuddegfed dydd o'r nawfed lleuad gyntaf o'n teyrnasiad"
"the twelfth day of the ninety-first moon of our reign"
Tyngais i'r amodau hyn gyda sirioldeb mawr
I swore to these conditions with great cheerfulness
Yna datglowyd fy nghadwyni ar unwaith
then my chains were immediately unlocked
ac roeddwn i'n hollol rydd
and I was at full liberty

Roeddwn i wedi cael tua pythefnos o fy rhyddid
I had had about a fortnight of my freedom
yna un bore daw Reldresal ataf
then one morning Reldresal come to me
ef yw ysgrifennydd materion preifat yr Ymerawdwr.
he is the Emperor's secretary for private affairs
Mynychwyd ef gan un gwas yn unig
he was attended only by one servant
Gorchmynnodd i'w was aros o bell
He ordered his servant to wait at a distance
Gofynnodd imi am awr o fy sylw
and he asked me for an hour of my attention
Yr wyf yn cynnig i orwedd ar ei gyfer
I offered to lie down for him
Fel hyn, efallai y bydd yn ei chael hi'n haws cyrraedd fy

nghlust
this way he might find it easier to reach my ear
ond dewisodd i mi ei ddal yn fy llaw
but he chose to let me hold him in my hand
Dechreuodd gyda chanmoliaeth ar fy rhyddid
He began with compliments on my liberty
ond ychwanegodd fy mod yn ffodus i gael fy rhyddhau
but he added that I was lucky to to be freed
"Gall pethau ymddangos yn llewyrchus i dramorwyr"
"things may seem flourishing to foreigners"
"Ond rydym mewn perygl o gael ein hamddiffyn"
"but we are in danger of an invasion"
"mae ynys arall o'r enw Blefuscu"
"there is another island called Blefuscu"
"Ar yr ynys hon mae ymerodraeth fawr arall y bydysawd"
"on this island is the other great empire of the universe"
"Mae bron mor fawr a grymus â'n teyrnas ni"
"it is almost as large and powerful as our kingdom"
"Rwy'n gwybod eich bod wedi dweud bod yna deyrnasoedd eraill"
"I know you've said there are other kingdoms"
"teyrnasoedd y mae bodau dynol yn byw ynddynt mor fawr â chi'ch hun"
"kingdoms inhabited by human creatures as large as yourself"
"Ond mae ein hathronwyr yn amheus iawn"
"but our philosophers are very doubtful"
'Maen nhw'n meddwl dy fod wedi gollwng o'r lleuad'
"they think that you dropped from the moon"
"Neu efallai eich bod wedi dod o un o'r sêr"
"or perhaps you've come from one of the stars"
"Oherwydd na fyddai lle i gant o bobl"

"because there would not be space for a hundred you"
"Byddi'n dinistrio'r holl ffrwythau a'r gwartheg yn gyflym."
"you would quickly destroy all the fruit and cattle"
"Ac ni fyddai dim ar ôl o arglwyddiaethau Ei Fawrhydi"
"and there would be nothing left of his Majesty's dominions"
"Rydym wedi edrych ar ein hanes"
"Besides, we have looked at our history"
"Mae gennym gofnodion o fwy na chwe mil o loerennau"
"we have records of over six thousand moons"
"Ac nid ydynt yn sôn am unrhyw ardaloedd eraill"
"and they make no mention of any other regions"
"Y mae pob peth sydd wedi ei ysgrifennu amdano yn ddau ymerodraeth nerthol."
"all that is written of are two mighty empires"
"mae Lilliput ac mae yna Blefuscu"
"there is Lilliput and there is Blefuscu"
"Beth bynnag, roeddwn ar fin dweud wrthych am Blefuscu"
"anyway, I was about to tell you of Blefuscu"
"Maen nhw'n cymryd rhan mewn rhyfel mwyaf digywilydd"
"they are engaged in a most obstinate war"
"Dechreuodd yn y modd canlynol"
"it began in the following manner"
"Yn y gorffennol, roedd y rheolau yn wahanol iawn"
"in the past the laws were quite different"
"Gallai un dorri wy unrhyw ffordd yr oeddech yn ei hoffi"
"one could break an egg any way you liked"
"Gallai un hyd yn oed dorri'r wy ar y pen mwy"

"one could even break the egg at the larger end"
"Roedd hen daid y mawrhydi presennol yn fachgen ifanc"
"the present majesty's great grandfather was a young boy"
"Roedd e'n torri wy yn y ffordd draddodiadol"
"he was breaking an egg in the traditional way"
"Roedd e'n digwydd torri'r wy ar y pen mwy"
"he happened to be breaking the egg at the larger end"
"Ac o hyn digwyddodd dorri un o'i fys"
"and from this he happened to cut one of his finger"
"Ar ôl hyn newidiodd ei dad y gyfraith"
"after this his father changed the law"
(Ei dad oedd yr ymerawdwr ar y pryd)
(his father was the emperor at the time)
"O hynny ymlaen roedd rhaid i ni dorri wyau o'r pen llai"
"from then on we had to break eggs from the smaller end"
"Mae'r bobl yn gwadu'r gyfraith hon"
"The people resented this law"
"A bu chwe gwrthryfel o'i herwydd"
"and there have been six rebellions due to it"
'Collodd un ymerawdwr ei fywyd'
"one emperor lost his life"
"A chollodd ymerawdwr arall ei goron"
"and another emperor lost his crown"
"Rydym wedi gwneud cyfrifiadau o'n llyfrau hanes"
"we have made calculations from our history books"
"1100 o bobl wedi torri'r gyfraith"
"eleven hundred persons have broken the law"
"ac mae Ymerawdwr Blefuscu yn annog y mawr-enders"
"and the Emperor of Blefuscu encourages the big-enders"
"Maen nhw bob amser wedi ffoi ato am loches"
"they have always fled to him for refuge"

"Mae'r rhyfel gwaedlyd hwn wedi mynd ymlaen am chwech a deg ar hugain o leuadau"
"this bloody war has gone on for six-and-thirty moons"
"ac yn awr mae'r Blefuscudians wedi arfogi fflyd fawr o longau"
"and now the Blefuscudians have equipped a large fleet of ships"
'Maen nhw'n paratoi i ymosod arnon ni'
"they are preparing to attack us"
"Mae Ei Fawrhydi Ymerodrol yn rhoi hyder mawr yn eich nerth"
"his Imperial Majesty places great confidence in your strength"
"Mae e wedi gofyn i mi osod yr achos o'ch blaen chi"
"and he has asked me to set the case before you"
Dymunais i'r ysgrifennydd gyflwyno fy nyletswydd ostyngedig i'r Ymerawdwr
I desired the secretary to present my humble duty to the Emperor
"Gadewch iddo wybod fy mod i'n barod"
"let him know that I am ready"
"Byddaf yn peryglu fy mywyd i'w amddiffyn yn erbyn y goresgynwyr"
"I will risk my life to defend him against the invaders"

Pennod Pedwar
Chapter Four

Yn fuan wedyn siaradais â'i Mawrhydi
soon afterwards I spoke with his Majesty
Dywedais wrtho fy nghynllwyn
I told him my plan
Byddwn yn cipio fflyd gyfan y gelyn
I would seize the enemy's whole fleet
Mae Ymerodraeth Blefuscu hefyd yn ynys
The Empire of Blefuscu is also an island
Mae'r sianel rhwng y ddwy ynys tua wyth can llath o led
the channel between the two islands is about eight hundred yards wide
Ymgynghorais â'r morwyr mwyaf profiadol
I consulted with the most experienced seamen
ac fe wnaethant fy hysbysu ar ddyfnder y sianel
and they informed me on the depth of the channel
Yn y canol, ar ddŵr uchel, roedd yn saith deg glumguffs
in the middle, at high water, it was seventy glumguffs
(tua chwe throedfedd o fesur Ewropeaidd)
(about six feet of European measure)
Cerddais i'r arfordir
I walked toward the coast
dyma fi'n cuddio tu ôl i fynydd
here I hid behind a hill
a chymerais allan fy spy-glass
and I took out my spy-glass
Roeddwn i'n gallu gweld fflyd y gelyn wrth angor
I could see the enemy's fleet at anchor
tua hanner cant o ddynion rhyfel a llongau eraill
about fifty men-of-war, and other vessels
Yna dychwelais i'm cartref

I then came back to my house
Gofynnais am eu ceblau a'u bariau haearn cryfaf
I asked for their strongest cables and bars of iron
Roedd y cebl yn ymwneud mor drwchus ag edefyn pecyn-
The cable was about as thick as pack-thread
ac roedd gan y bariau faint nodwydd gwau
and the bars had the size of a knitting-needle
Trebliais y cebl i'w wneud yn gryfach
I trebled the cable to make it stronger
a mi a droais dri o'r bariau haearn gyda'i gilydd
and I twisted three of the iron bars together
ac yna fe wnes i blygu'r pennau i mewn i fachyn
and then I bent the ends into a hook
Fe wnes i hanner cant o fachau ar geblau
I made fifty hooks on cables
ac es i'n ôl i'r arfordir
and I went back to the coast
Tynnais fy sgidiau a'm esgidiau
I took off my coat, shoes, and stockings
a cherddais i mewn i'r môr yn fy siaced lledr
and I walked into the sea in my leather jacket
Roedd hyn tua hanner awr cyn dŵr uchel
this was about half an hour before high water
Cerddais cyn gynted ag y gallwn
I waded as quick as I could
yn y canol bu'n rhaid i mi nofio am ryw ddeg ar hugain llath
in the middle I had to swim for about thirty yards
ond yn fuan iawn roeddwn i'n teimlo'r ddaear eto
but very soon I felt the ground again
ac felly cyrhaeddais y fflyd mewn llai na hanner awr
and so I arrived at the fleet in less than half an hour

Roedd y gelyn yn ofnus iawn pan welson nhw fi
The enemy was very frightened when they saw me
Neidiasant allan o'u llongau a nofio i'r lan
they leaped out of their ships and swam ashore
Ni allai fod wedi bod yn llai na 30,000 ohonynt
there could not have been fewer than thirty thousand of them
Fe wnes i glymu bachyn i'r twll wrth ymyl pob llong
I fastened a hook to the hole at the prow of each ship
a chlymu yr holl cordiau at ei gilydd ar y diwedd
and I tied all the cords together at the end

Yn y cyfamser, rhyddhaodd y gelyn sawl mil o saethau
Meanwhile the enemy discharged several thousand arrows
llawer o'r saethau yn sownd yn fy nwylo ac wyneb
many of the arrows stuck in my hands and face
Fy ofn mwyaf oedd fy llygaid
My greatest fear was for my eyes
Gallwn fod wedi cael fy mwddio oni bai fy mod wedi meddwl dod â'm sbectol
I could have been blinded had I not thought of bringing my spectacles
Tynnais fy sbectol allan
I took out my glasses
a'u gosod ar fy nhrwyn
and fastened them upon my nose
Yn llawn fy arfogaeth es i ymlaen gyda'm gwaith
fully armed I went on with my work
ac yr wyf yn cadw mynd er gwaethaf y saethau
and I kept going in spite of the arrows
llawer o'r saethau taro yn erbyn fy sbectol
many of the arrows struck against my spectacles

Ond dim ond ysgwyd oddi ar y gwydr
but they only bounced off the glass
Yna, gan gymryd y cwlwm yn fy llaw, dechreuais dynnu
Then, taking the knot in my hand, I began to pull
ond ni fyddai llong yn cyffroi
but not a ship would stir
Fe'u daliwyd gan eu hangorau
they were held by their anchors
felly arhosodd y rhan fwya' o'm menter
so the boldest part of my enterprise remained
Rwy'n gadael i fynd o'r cord
I let go of the cord
ac yr wyf yn cymryd allan fy nghyllell trusty
and I took out my trusty knife
Rwy'n torri'r ceblau a gaeodd yr angorau
I cut the cables that fastened the anchors
Mae'n rhaid fy mod wedi derbyn mwy na dau gant o ergydion
I must have received more than two hundred shots
Fy nwylo a'm hwyneb a orchuddiwyd yn eu saethau
my hands and face was covered in their arrows
Yna mi gasglais y ceblau eto
Then I collected the cables again
Y tro hwn, roedd popeth yn llawer haws
this time everything was much easier
Tynnais hanner cant o ddynion rhyfel mwyaf y gelyn gyda mi
I pulled fifty of the enemy's largest men-of-war with me
gwelodd y Blefuscudians eu fflyd yn symud
the Blefuscudians saw their fleet moving
a gwelsant mai fi oedd yn ei dynnu
and they saw it was me pulling it
maent yn gadael i gael eu trechu yn sgrechian

they let out a defeated screamed
Roedd eu galar a'u hanobaith yn amhosib eu disgrifio
their grief and despair was impossible to describe
Yn fuan iawn roeddwn i wedi mynd allan o berygl
soon I had got out of danger
ac ni allai eu saethau gyffwrdd â mi mwyach
and their arrows couldn't reach me anymore
Rhoddais y gorau i ychydig i ddewis y saethau a oedd yn sownd yn fy nwylo a'm hwyneb
I stopped awhile to pick out the arrows that stuck in my hands and face
ac mi rwglais ar rai o'r un ennaint a roddwyd imi wrth imi gyrraedd
and I rubbed on some of the same ointment that was given me at my arrival
Yna tynnais fy sbectol oddi ar
I then took off my spectacles
Disgwyliais i'r llanw syrthio ychydig
I waited for the tide to fall a little
a minnau a redais i borthladd brenhinol Lilliput
and I waded on to the royal port of Lilliput

Safodd yr Ymerawdwr a'i Lys cyfan ar y lan yn disgwyl amdanaf
The Emperor and his whole Court stood on the shore awaiting me
Gwelon nhw'r llongau'n symud ymlaen mewn hanner lleuad fawr
They saw the ships move forward in a large half-moon
ond doedden nhw ddim yn gallu dirnad fi
but they could not discern me
Roeddwn yn dal i fod yng nghanol y sianel
I was still in the middle of the channel

ac roeddwn i dan ddŵr hyd at fy ngwddf
and I was under water up to my neck
Daeth yr ymerawdwr i'r casgliad fy mod i wedi boddi
The Emperor concluded that I had drowned
a chredai fod fflyd y gelyn yn agosáu mewn modd gelyniaethus
and he thought that the enemy's fleet was approaching in a hostile manner
Ond buan iawn y tawelwyd ei feddwl
But he his mind was soon set at ease
aeth y sianel yn fwy shallower gyda phob cam a wnes i
the channel got shallower with every step I made
Mewn ychydig o amser des i mewn i glyw
in a short time I came within hearing
Cynhaliais ddiwedd y cebl y cafodd y fflyd ei glymu drwyddo
I held up the end of the cable by which the fleet was fastened
Ac yr wyf yn gweiddi â llais uchel:
and I exclaimed in a loud voice:
Hir byw Ymerawdwr Lilliput!
"Long live the Emperor of Lilliput!"
Derbyniodd y Tywysog fi yn llawn llawenydd posibl
The Prince received me full of possible joy
ac fe wnaeth fi Nardal yn y fan a'r lle
and he made me a Nardal on the spot
y teitl anrhydedd uchaf yn eu plith
the highest title of honour among them
Roedd Ei Mawrhydi eisiau i mi ddychwelyd
His Majesty wanted me to return
'Manteisio ar y cyfle i gael eu holl longau'
"use the opportunity to get all of their ships"
"Goncro holl Ymerodraeth Blefuscu!"

"conquer the whole Empire of Blefuscu!"
Yna ef fyddai unig frenin y byd
then he would be the sole monarch of the world
Ond protestiais yn erbyn ei newyn am rym
But I protested against his hunger for power
"Fydda i byth yn gaethiwo pobl ddewr a rhydd"
"I will never enslave brave and free people"
roedd y doethaf o'm safbwynt i
the wisest of the Ministers were of my opinion
ond roeddwn wedi gwrthod uchelgais ei Fawrhydi yn agored
but I had openly refused his Majesty's ambition
ac ni allai byth faddau fy ngwrthwynebiad
and he could never forgive my defiance
O'r amser hwn daeth riff i'r amlwg rhyngom
from this time a riff emerged between us
ei weinidogion, a oedd yn fy ngelynion a enillwyd mewn nerth
his Ministers that were my enemies gained in strength
maent yn cynllwynio ar gyfer fy ndymchweliad
they plotted for my overthrow
a bu bron iddo ddod i ben yn fy ndinistr llwyr
and it nearly ended in my utter destruction

dair wythnos yn ddiweddarach daeth y llysgennad o Blefuscu
three weeks later the ambassador from Blefuscu came
gwnaethant aberthau heddwch yn ostyngedig
they humbly made offerings of peace
a chytunwyd ar gytundeb heddwch yn fuan
and a peace treaty was soon signed
roedd y termau yn fanteisiol iawn i'n Ymerawdwr
the terms were very advantageous to our Emperor

Mae'r llysgenhadon hefyd wedi talu ymweliad i mi
the ambassadors also paid me a visit
Roeddent yn fy nghefnogi ar fy nerth a haelioni
they complimented me on my strength and generosity
a hwy a'm gwahoddasant i'w brenhiniaeth
and they invited me to their kingdom
Gofynnais iddynt anfon fy parch at yr ymerawdwr
I asked them to send my respect to the Emperor
a phenderfynais ei gyfarfod cyn i mi ddychwelyd i'm gwlad
and I resolved to meet him before I returned to my country
felly'r tro nesaf y gwelais yr Ymerawdwr gofynnais am ganiatâd
so the next time I saw the Emperor I asked for permission
Rhoddodd ganiatâd i mi adael
and he granted me permission to leave
Ond fe wnaeth hynny mewn ffordd oer iawn
but he did so in a very cold manner
Dim ond yn ddiweddarach y cefais wybod pam
it was only later that I found out why

Roeddwn i'n paratoi i dalu fy mryd i Ymerawdwr Blefuscu
I was preparing to pay my respects to the Emperor of Blefuscu
Daeth person nodedig o'r Llys i'm tŷ
a distinguished person of the Court came to my house
Ond daeth yn breifat iawn yn y nos
but he came very privately at night
Yr oedd yn ffrind da i mi
he was a good friend of mine
Felly rhoddais ei arglwyddiaeth yn fy mhoced gôt

so I put his lordship into my coat pocket
Dywedais wrth y gwarchodwyr am beidio â gadael i neb i mewn
I told the guards not to let anyone in
ac fe wnes i gau'r drws y tu ôl i ni
and I fastened the door behind us
Rhoddais fy ymwelydd ar y bwrdd
I placed my visitor on the table
ac eisteddais wrth ei ymyl
and I sat down next to him
Roedd wyneb ei arglwyddiaeth yn llawn trafferth
His lordship's face was full of trouble
Gofynnodd i mi ei glywed yn amyneddgar
he asked me to hear him with patience
Dywedodd wrthyf y mater yn bryderus iawn am fy anrhydedd
he told me the matter highly concerned my honour
Dywedodd fod fy mywyd yn dibynnu arno
and he said my life depended on it
Rydych chi eisoes yn gwybod sut mae Skyresh Bolgalom yn teimlo amdanoch chi.
"You already know how Skyresh Bolgalom feels about you"
"Mae wedi bod yn elyn marwol i chi byth ers i chi gyrraedd"
"he has been your mortal enemy ever since you arrived"
"Mae ei gasineb yn cynyddu ers eich llwyddiant mawr yn erbyn Blefuscu"
"his hatred is increased since your great success against Blefuscu"
"Cuddiodd ei ogoniant fel llyngesydd"
"it obscured his glory as admiral"
"Y mae'r arglwydd hwn ac eraill wedi eich cyhuddo o

fradwriaeth."
"This lord and others have accused you of treason"
"Mae nifer o gyfarfodydd wedi cael eu cynnal am hyn"
"and several meetings have been held about this"
"Rwy'n ddiolchgar iawn am bopeth rydych chi wedi'i wneud i ni"
"I am very grateful for all you've done for us"
"Byddaf yn peryglu fy mhen fy hun i chi"
"so I will risk my own head for you"
"Gadewch i mi adrodd y cyfarfodydd a gynhelir"
"let me recount the meetings held"
"Dyma'r cyhuddiadau maen nhw'n bwriadu eu cyflwyno yn eich erbyn:"
"here are the charges they plan to bring against you:"
"Yn gyntaf, fe wnaethoch chi ddal fflyd imperial Blefuscu"
"First, you captured the imperial fleet of Blefuscu"
"A daethoch ag ef i mewn i'r porthladd brenhinol"
"and you brought it into the royal port"
"gorchmynnodd Ei Fawrhydi i chi gipio'r holl longau eraill"
"his Majesty commanded you to seize all the other ships"
"Roedd e eisiau i ti eu rhoi nhw i farwolaeth"
"he wanted you to put them to death"
"Y rhai sy'n cracio'r wy yn y pen mawr"
"those that crack the egg at the big end"
"Ac roedd e eisiau ufudd-dod llwyr oddi wrth y gweddill ohonyn nhw"
"and he wanted complete obedience from the rest of them"
"Roedd yn rhaid i bob un ohonyn nhw gydsynio i dorri eu hwyau ar y pen llai"
"they all had to consent to break their eggs at the smaller end"

"Ond rydych chi wedi ymddwyn fel bradwr ffug"
"but you acted like a false traitor"
"Rydych wedi esgusodi eich hun o'r gwasanaeth"
"you excused yourself from the service"
"Ar amlder amharodrwydd i gaethiwo pobl ddiniwed"
"on pretence of unwillingness to enslave innocent people"
"Yna daeth y llysgenhadon o Lys Blefuscu"
"then the ambassadors arrived from the Court of Blefuscu"
"Unwaith eto, roeddech chi'n ymddwyn fel bradwr ffug"
"again you acted like a false traitor"
'Roeddech chi'n eu cefnogi a'u diddanu'
"you aided and entertained them"
"Er dy fod ti'n gwybod eu bod nhw'n gaethion gelyn"
"even though you knew they were servants of an enemy"
"Ar ben hynny, rydych chi nawr yn paratoi i fynd i Lys Blefuscu."
"Moreover, you are now preparing to voyage to the Court of Blefuscu"
"Mae hyn yn groes i ddyletswydd dinesydd ffyddlon"
"this is contrary to the duty of a faithful citizen"
"Roedd Ei Mawrhydi yn eu hatgoffa o'r gwasanaethau rydych chi wedi'u gwneud"
"his Majesty reminded them of the services you had done"
"Ond roedd yr admiral a'r trysorydd o farn arall"
"but the admiral and treasurer were of other opinions"
"Roedden nhw'n mynnu eich bod chi'n cael eich rhoi i farwolaeth gywilyddus."
"they insisted that you should be put to a shameful death"
"Profodd Reldresal ei hun yn ffrind i chi unwaith eto"
"Reldresal proved himself a friend to you once more"
"Awgrymodd i'w Fawrhydi y dylid arbed eich bywyd."
"he suggested to his Majesty that your life should be spared"

"'Efallai y gallai ei lygaid gael eu poked allan,' awgrymodd'
"'perhaps his eyes could be poked out,' he suggested"
"Fel hyn gallai cyfiawnder fod yn fodlon"
"this way justice might in some measure be satisfied"
"Ar hyn mae Bolgolam wedi codi mewn dicter"
"At this Bolgolam rose up in fury"
"Sut allai'r ysgrifennydd ddymuno cadw bywyd bradwr?"
"how could the secretary desire to preserve the life of a traitor?"
"Mae'r trysorydd yn tynnu sylw at y gost o'ch cadw"
"the treasurer pointed out the expense of keeping you"
Ac fe anogodd eich marwolaeth hefyd"
"and he also urged your death"
"Ond fe awgrymodd gosb wahanol"
"but he suggested a different punishment"
"Awgrymodd leihau eich lwfans yn raddol"
"he suggested lessening your allowance gradually"
"Ac am eisiau digon o fwyd byddech chi'n tyfu'n wan ac yn llewygu"
"and for want of sufficient food you would grow weak and faint"
"Ar ôl rhai misoedd y byddech yn marw o hyn"
"after some months you would die from this"
"Wedyn byddan nhw'n torri dy gnawd oddi wrth dy esgyrn."
"then they would cut your flesh from your bones"
'Byddan nhw'n ei gladdu yng nghefn gwlad'
"they would bury it in the countryside"
"A byddai eich sgerbwd yn cael ei ddefnyddio fel heneb"
"and your skeleton would be used as a monument"

"Roedd ei mawrhydi yn hoffi'r cynllun hwn fwyaf"
"His majesty liked this plan the most"
"Gorchmynnodd i'r cynllun hwn gael ei gadw'n gyfrinach"
"he ordered this plan to be kept a secret"
"Ac fe'i cofnodwyd yn y llyfrau i godi eich llygaid"
"and it was entered in the books to poke your eyes out"
"Ymhen tridiau bydd dy ffrind yr ysgrifennydd yn dod i'th dŷ."
"In three days your friend the secretary will come to your house"
"Bydd yn darllen y cyhuddiad o'ch blaen"
"he will read the accusation before you"
"a bydd yn amlygu trugaredd fawr Ei Fawrhydi"
"and he will point out the great mercy of his Majesty"
"Nid yw'n amau y byddwch yn cyflwyno yn ostyngedig"
"he does not doubt you will submit humbly"
"Bydd ugain o lawfeddygon Ei Mawrhydi yn cyflawni'r llawdriniaeth"
"Twenty of his Majesty's surgeons will perform the operation"
'Byddan nhw'n dy gael di i orwedd ar lawr'
"they will have you lie on the ground"
Ac yna byddant yn rhyddhau saethau miniog iawn i'ch llygaid. "
"and then they will discharge very sharp-pointed arrows into your eyes"
"Rwy'n eich gadael i ystyried pa fesurau y byddwch chi'n eu cymryd"
"I leave you to consider what measures you will take"
"Er mwyn dianc rhag amheuaeth mae'n rhaid i mi ddychwelyd ar unwaith"
"to escape suspicion I must immediately return"

a'i arglwyddiaeth wedi gadael yn syth
and his lordship left immediately

Arhosais ar fy mhen fy hun, mewn dryswch mawr
I remained alone, in great perplexity
Ar y dechrau roeddwn i'n plygu ar wrthwynebiad
At first I was bent on resistance
Gallwn yn hawdd dinistrio'r metropolis gyda cherrig
I could quite easily destroy the metropolis with stones
ond gwrthodais y syniad erchyll hwn
but I rejected this horrible idea
Roeddwn wedi tyngu llw i'r ymerawdwr
I had made an oath to the Emperor
ac yr wyf yn cofio'r ffafrau a gefais ganddo
and I remembered the favours I had received from him
Cefais ganiatâd Ei Fawrhydi i ymweld â Blefuscu
I still had his Majesty's permission to visit Blefuscu
Penderfynais fanteisio ar y cyfle hwn
I decided to take this opportunity
Byddwn i'n talu fy mryd i Ymerawdwr Blefuscu
I would pay my respects to the Emperor of Blefuscu
Ysgrifennais lythyr at fy ffrind yr ysgrifennydd
I wrote a letter to my friend the secretary
a dywedais wrtho am fy mhenderfyniad
and I told him of my resolution
Ond doeddwn i ddim yn aros am ateb
but I did not wait for an answer
Es i i'r arfordir a mynd i mewn i'r sianel
I went to the coast and entered the channel
hirgoes a nofio cyrraedd porthladd Blefuscu
wading and swimming reached the port of Blefuscu
Roedd pobl wedi disgwyl hir i mi
the people had long expected me

ac aethant â mi i'r brifddinas
and they led me to the capital
Croesawyd fi gan y swyddogion
I was welcomed by the officials
Ei Fawrhydi, y teulu brenhinol, a swyddogion mawr y Llys
His Majesty, the royal family, and great officers of the Court
Roeddent yn hael iawn gyda'u hadloniant
they were very generous with their entertainment
Roedd hon hefyd yn genedl fawr
this too was a great nation
Ni soniais am fy ngwarth gydag Ymerawdwr Lilliput
I did not mention my disgrace with the Emperor of Lilliput
am nad oeddwn yn tybio y byddai'r tywysog yn datgelu'r gyfrinach
because I did not suppose that the prince would disclose the secret
Ond yn hyn ymddangosodd yn fuan, cefais fy nhwyllo
But in this, it soon appeared, I was deceived

Pennod Pump
Chapter Five

Roeddwn i wedi bod yn Blefuscu am dri diwrnod
I had been in Blefuscu for three days
Deuthum i adnabod eu dinas
I had gotten to know their city
felly roeddwn i'n chwilfrydig am weddill eu hynys
so I was curious about the rest of their island
Es i'r gogledd-ddwyrain i'r arfordir
I headed North East to the coast
o bell gwelais rywbeth oedd yn edrych fel cwch
from a distance I saw something that looked like a boat
Tynnais fy esgidiau a'm hesgidiau
I pulled off my shoes and stockings
a minnau yn rhedeg dau neu dri chan llath drwy'r dŵr
and I waded two or three hundred yards through the water
Wrth i mi agosáu, gallwn weld ei fod yn gwch mewn gwirionedd
as I got closer I could see it really was a boat
Mae'n rhaid bod storm wedi ei gwthio i'r lan
a storm must have pushed it to shore
Dychwelais yn syth i'r dref
I returned immediately to the city
Ac yr wyf yn mynd i ddod o hyd i help
and I went to find help
Roedd yn cymryd llawer o ymdrech
it took a great deal of effort
ond yn y diwedd llwyddais i gael y cwch i borthladd Blefuscu
but eventually I managed to get the boat to the port of Blefuscu

Mae tyrfa fawr o bobl yn ymddangos
a great crowd of people appeared
Roedden nhw'n rhyfeddu at faint y llong
they marvelled at the size of the vessel
"Mae ffortiwn dda wedi taflu'r cwch hwn fy ffordd"
Dywedais wrth yr ymerawdwr
"good fortune has thrown this boat my way" I told the Emperor
"Mi fydd yn mynd â fi i dir arall"
"it will carry me to other lands"
"O'r fan honno gallaf ddod o hyd i'm gwlad enedigol"
"and from there I can find my native country"
Yna gofynnais am ddeunyddiau ar gyfer y llong
then I begged for materials for the ship
a gwneuthum lawer o areithiau caredig am ei wlad
and I made many kind speeches about his country
felly roedd yn falch o roi fy nymuniadau
so he was pleased to grant my wishes

Yn y cyfamser tyfodd Ymerawdwr Lilliput yn anesmwyth
Meanwhile the Emperor of Lilliput grew uneasy
Roeddwn i wedi bod i ffwrdd am amser hir
I had been away for quite a long time
(er nad oedd yn gwybod fy mod yn gwybod ei fwriadau)
(although he did not know that I knew his intentions)
felly anfonodd berson o reng i Blefuscu
so he sent a person of rank to Blefuscu
hysbysodd Ymerawdwr Blefuscu am fy ngwarth
he informed the Emperor of Blefuscu of my disgrace
Dywedodd am drugaredd fy nghosb
he told of the mercy of my punishment
'Yr ydym wedi bod yn garedig i beidio â'i gosbi ef i

farwolaeth'
"we have been kind not to punish him to death"
"Mae colli ei lygaid yn bris teg i'w dalu"
"the loss of his eyes is a fair price to pay"
roedd yn disgwyl i'w frawd Blefuscu gydymffurfio
he expected his brother of Blefuscu to comply
meddyliodd y byddai'n fy anfon yn ôl i Lilliput
he thought he would have me sent back to Lilliput
Roedd yn meddwl y byddwn i'n rhwym llaw a thraed
he thought I would be bound hand and foot
ac roedd yn meddwl y byddwn i'n cael fy nghosbi'n fradwr
and he thought I would be punished as a traitor
ond atebodd Ymerawdwr Blefuscu gyda llawer o esgusodion sifil
but the Emperor of Blefuscu answered with many civil excuses
"Rydych chi'n gwybod y byddai'n amhosib rhwymo'r mynydd dyn"
"you know it would be impossible to bind the man-mountain"
"Yr wyf yn ddiolchgar iddo am ei weithredoedd da lawer."
"I am grateful to him for his many good deeds"
"Mae wedi dod â heddwch rhwng ein cenhedloedd"
"he has brought peace between our nations"
"Hyd yn oed os yw wedi cymryd ein fflyd i ffwrdd"
"even if he has taken our fleet away"
"Ond bydd ein meddwl yn cael ei leddfu'n fuan"
"but our mind shall soon be eased"
"Mae wedi dod o hyd i long nerthol"
"he has found a mighty ship"
"Gyda'n gilydd rydyn ni wedi'i wneud e'n deilwng o'r

môr eto."
"and together we have made it sea-worthy again"
"Yn fuan bydd yn hwylio eto"
"soon he will set sail again"
a bydd ein hymerodraethau yn rhydd ohono"
"and our empires will be free of him"
Gyda'r ateb hwn dychwelodd y negesydd i Lilliput
With this answer the messenger returned to Lilliput
a brysiais fy ymadawiad
and I hastened my departure
er i frenin Blefuscu gynnig yn gyfrinachol ei amddiffyniad graslon i mi
although the monarch of Blefuscu secretly offered me his gracious protection
buasai'n well ganddo pe bawn i wedi parhau i gynnig fy ngwasanaethau
he would have preferred if I had continued to offer my services
ond ni phenderfynais roi mwy o hyder mewn tywysogion
but I had resolved never more to put confidence in princes

Ymhen tua mis, roeddwn i'n barod i adael
In about a month I was ready to leave
Daeth y teulu brenhinol allan o'r palas
The royal family came out of the palace
a gorweddais ar fy wyneb i gusanu eu dwylo
and I lay down on my face to kiss their hands
Rhoesant eu dwylo i mi yn raslon
they graciously gave me their hands
Cyflwynodd Ei Fawrhydi hanner cant o bunelli o Sprugliffs i mi
His Majesty presented me with fifty purses of Sprugliffs

Y rhain oedd eu darnau arian aur mwyaf
these were their greatest gold coins
a rhoddodd lun maint llawn i mi o'i hun
and he gave me a full size picture of himself
Rwy'n ei roi yn syth i mewn i un o fy menig
I immediately put it into one of my gloves
fel na fyddai'n cael ei niweidio
so that it would not get damaged
Arbedais y cwch gyda chig a diod
I stored the boat with meat and drink
a chymryd chwech o wartheg byw a dau darw
and took six living cows and two bulls
yn ogystal â chlywed ychydig am ddefaid
as well as a small heard of sheep
Roeddwn i'n bwriadu mynd â nhw i'm gwlad fy hun
I planned to carry them to my own country
Roedd gen i fwndel da o wair a bag o ŷd
I had a good bundle of hay and a bag of corn
fel y gallwn eu bwydo yn ystod y daith
so that I could feed them during the journey
Byddwn yn falch o fod wedi cymryd dwsin o'r brodorion
I would gladly have taken a dozen of the natives
ond roedd hyn yn rhywbeth na fyddai'r Ymerawdwr yn ei ganiatáu
but this was something the Emperor would not permit
ac fe wnaethant hyd yn oed chwilio fy mhocedi unwaith eto
and they even searched my pockets once more
i wneud yn siŵr nad wyf wedi cymryd unrhyw un
to make sure I hadn't taken anyone
cynhaliwyd rhai seremonïau terfynol ar fy ymadawiad
some final ceremonies were held at my departure
Yn olaf, dychwelais i'r môr

and finally I returned out to sea

Medi 26ain, 1701
September the 26th, 1701
Roeddwn i wedi teithio pedair ar hugain o gynghreiriau, gan fy nghyfrif
I had travelled twenty-four leagues, by my reckoning
roedd ynys Blefuscu ymhell y tu ôl i mi
the island of Blefuscu was far behind me
yna gwelais hwylio'n llywio i'r gogledd-ddwyrain
then I saw a sail steering to the northeast
Ceisiais gael sylw'r llong
I tried to get the ship's attention
Ond ni allaf gael unrhyw ateb
but I could get no response
Ond roeddwn i'n dal i fyny gyda hi
but I was catching up with her
oherwydd bod y gwynt yn chwythu
because the wind slackened
Ac mewn hanner awr gwelodd hi fi
and in half an hour she saw me
felly gollyngais fflach o'm cwch
so I discharged a flare from my boat
Fe wnes i ddal i fyny gyda hi rhwng pump a chwech gyda'r nos
I caught up with her between five and six in the evening
a'm calon yn neidio am lawenydd pan welais ei lliwiau
and my heart jumped for joy when I saw her colours
Roedd hi'n wir yn llong Seisnig
she was indeed an English ship
Rwy'n rhoi fy gwartheg a'm defaid yn fy mhocedi cot
I put my cows and sheep into my coat pockets
ac yn mynd ar fwrdd gyda fy holl cargo bach

and got on board with all my little cargo
Derbyniodd y capten fi gyda charedigrwydd
The captain received me with kindness
a gofynnodd imi ddweud wrtho o ble'r oeddwn wedi dod o
and he asked me to tell him where I had come from
wrth gwrs roedd yn meddwl fy mod i'n lunatic raving
of course he thought I was a raving lunatic
Fodd bynnag, cymerais fy anifeiliaid a'm defaid allan o'm poced
However, I took my cattle and sheep out of my pocket
Ni fethodd hyn â syfrdanu pawb ar y llong
this did not fail to astonish everyone on the ship
Ac roedden nhw i gyd yn argyhoeddedig o fy stori
and they were all convinced of my tale

Ebrill 13eg, 1702
April the 13th, 1702
Wedi cyrraedd Lloegr
We arrived in England
Arhosais am ddau fis gyda fy ngwraig a'm teulu
I stayed two months with my wife and family
ond ni roddodd fy nymuniad i weld y byd lonydd i mi
but my desire to see the world gave me no rest
O'r diwedd roedd rhaid i mi adael eto
eventually I had to leave again
tra yn Lloegr fe wnes i elw mawr o'm gwartheg bach
while in England I made great profit from my little cattle
Roedd y byd i gyd eisiau gweld yr anifeiliaid bach
all the world wanted to see the little animals
O'r diwedd fe'u gwerthais am arian da
eventually I sold them for good money
Rwyf wedi prynu tŷ da i'm gwraig a'm teulu

I bought a good house for my wife and family
a gadewais hwy â mwy na digon o arian i fyw arno
and I left them with more than enough money to live on
Gyda dagrau yn fy llygaid gadewais fy nheulu eto
with tears in my eyes I left my family again
ac fe wnes i hwylio ymlaen ar "The Adventure"
and I sailed onwards on "The Adventure"

www.ingramcontent.com/pod-product-compliance
Lightning Source LLC
Chambersburg PA
CBHW011954090526
44591CB00020B/2762